Nicht nur Schoki

in 24 Tagen zum Heiligen Abend

Nicht nur Schoki

in 24 Tagen zum Heiligen Abend

Die Geschichten in diesem Buch sind direkt aus der Bibel übernommen. Damit es für Kinder verständlicher wird und die Geschichten nicht zu lange sind, sind einige Bibelgeschichten mit freier Erzählung ergänzt. Die Bibelstellen sind im *Schrägschrift* gedruckt und die freie Erzählung steht [zwischen Klammern].

Die Bibelzitate sind verschiedenen Übersetzungen entnommen. Welche das sind, siehst du hinter dem Text (Elb. für Elberfelder, HfA für Hoffnung für Alle, Schlachter für Schlachter).

Bibliografische Information der Deutschen Nationalbibliothek:
Die Deutsche Nationalbibliothek verzeichnet diese Publikation in der Deutschen Nationalbibliografie; detaillierte bibliografische Daten sind im Internet über dnb.dnb.de abrufbar.

Herstellung und Verlag: BoD - Books on Demand, Norderstedt.

ISBN: 978-3-75281-031-8

❦

Was von Davids Königshaus noch übrig bleibt,
gleicht einem alten Baumstumpf.
Doch er wird zu neuem Leben erwachen:
ein junger Trieb sprießt aus seinen Wurzeln hervor.
Der Geist des Herrn wird auf ihm ruhen,
ein Geist der Weisheit und der Einsicht,
ein Geist des Rates und der Kraft,
ein Geist der Erkenntnis und der Ehrfurcht vor dem Herrn.
...
In dieser Zeit ist der Trieb, der aus der Wurzel Davids hervorsprießt,
als Zeichen für alle Völker sichtbar.
Sie werden nach ihm fragen,
und der Ort, an dem er wohnt, wird herrlich sein.

Jesaja 11: 1,2 und 10 (HfA)

Inhalt

Vorwort

Bietet uns der Advent mehr als Termine, Einkaufslisten, Weihnachtskonzerte, Ausflüge mit Kollegen und dekorieren des Hauses?

Ich glaube schon, aber durch die ganze Hektik, hätte ich fast Denjenigen, um dem es geht, aus den Augen verloren. Ich hatte das Bedürfnis ihn wieder zu finden und fand ihn in der Idee von „Isais Baum".

Der Name kommt aus Jesaja 11,1: *„Und ein Spross wird hervorgehen aus dem Stumpf Isais, und ein Schössling aus seinen Wurzeln wird Frucht bringen."* (Elb.).

> *Das Wort Advent kommt aus dem Lateinischen und bedeutet Ankunft.*
>
> *Wir warten nicht nur auf die Erinnerung an Jesu Geburt, sondern auch auf seine glorreiche Wiederkunft!*

Innehalten, zur Ruhe kommen, Frieden empfangen. Jeden Tag ein Moment von Stille, Bibel lesen und beten. Das tut gut. Vierundzwanzig Bibelgeschichten begleiten uns durch den Dezember, bis zum Heiligen Abend. Von Anfang an hat Gott uns einen Erlöser versprochen. Wir werden quer durch das Alte Testament lesen und sehen wie Gott an seinem Plan arbeitete. Er hält sein Versprechen!

Im zweiten Teil findest du einige Rezepte, Bastelideen, Ideen für besondere Familienzeit und Ideen, womit man den Mitmenschen zum Segen wird.

Mach mit!
Bereiten wir uns gemeinsam vor auf Weihnachten!

Den Adventskalender vorbereiten

Natürlich kannst du dieses Buch auch ohne Adventskalender lesen. Es ist aber schön, die Geschichten in einem Kalender zu verstecken. Falls du das möchtest, kannst du dir ganz einfach einen selber basteln. Beschrifte z. B. 24 Säckchen (aus Papier oder Stoff) mit den Zahlen von 1 bis 24. Hänge sie an ein Band oder lege sie in einen Korb.

Wir füllen den Kalender mit Geschichten und den dazu gehörenden Abbildungen. Kärtchen mit Datum und Bibelstelle und Kärtchen mit Abbildungen findest du hinten im Buch. Schneide sie aus und stecke sie in den Adventskalender. Wenn du möchtest, kannst du die Abbildungen noch auf ein dickes, buntes Papier kleben. Schneide ein kleines Loch an der Oberseite und befestige ein Aufhängeband. Natürlich kannst du auch noch eine Süßigkeit oder sonstiges dazu geben!

Jeden Tag liest du eine Geschichte und hängst das dazu gehörende Kärtchen auf, z. B. irgendwo an der Wand, oder du bastelst dir einen "Adventbaum". Dazu kannst du einige Zweige in eine Vase stecken, einen aus Papier geschnittenen Baum auf die Wohnzimmertür kleben, oder einen Baum aus Holz sägen. Du kannst es so einfach oder schwierig machen, wie du möchtest!

Und so funktioniert es.

Wähle einen festen Zeitpunkt, an dem ihr das Kalendertürchen öffnet. Zum Beispiel morgens vor dem Frühstück oder gerade am Abend vor dem Schlafen gehen. Denke darüber nach, wie du diese Zeit gestalten möchtest. Lies auf jeden Fall die angegebene Geschichte. Wenn du Kinder hast, kannst du mit ihnen über die Geschichte weiterreden und Fragen stellen. Vielleicht möchtet ihr zusammen singen oder beten. Die Bildkärtchen hängst du auf, damit die Geschichten sichtbar werden und du im Laufe der Wochen immer wieder an das Erzählte erinnert wirst.

Die Geschichten für den Adventskalender

1. Dezember   Gott hat einen Plan (Jesaja 11,1,2 und 10).

2. Dezember   Der ideale Wohnort (1. Mose 1,26-31).

3. Dezember   Die große Lüge (1. Mose 3,1-9, 14, 15).

4. Dezember   Ein neuer Anfang. (1. Mose 9,8-13).

5. Dezember   Der große Turm. (1. Mose 11,1-9).

6. Dezember   Treue. (1. Mose 12,1-7).

7. Dezember   Sarah lacht (1. Mose 21,1-7).

8. Dezember   Gott sorgt dafür. (1. Mose 22,1-14).

9. Dezember   Gott ist immer bei uns. (1. Mose 28,10-16).

10. Dezember Der Prinz der vergibt. (1. Mose 37,1-36, 45,4-15).

11. Dezember Gott rettet sein Volk. (2. Mose 2,1-10, 14,5-8, 21-23 und 26-31).

12. Dezember Zehn Regeln. (5. Mose 5,1-22a, 32, 33).

13. Dezember Mut. (Josua 2,8-15).

14. Dezember Gott sorgt für uns. (Ruth 1,1-2 und 4,14-16).

15. Dezember Gott schaut auf unser Herz. (1. Samuel 16,1-13).

16. Dezember Lobe den Herrn. (1. Könige 18,:17-39).

17. Dezember Ein herrliches Licht. (Jesaja 9,1, 5-6a).

18. Dezember Gott wählt ein kleines Dorf aus. (Micha 5,1, 5-6a).

19. Dezember Glauben. (Lukas 1,6-17).

20. Dezember Bereite dich vor! (Matthäus 3,1-6).

21. Dezember Gott spricht zu Maria. (Lukas 1,26-38).

22. Dezember Gott spricht zu Joseph. (Matthäus 1,18-23).

23. Dezember Auf der Reise. (Lukas 2,1-5).

24. Dezember Jesus ist geboren! (Lukas 2,6-21).

1 Dezember - Gott hat einen Plan!

Lang ist es her, da lebte ein Prophet namens Jesaja. Ein Prophet ist ein Mann, der den Menschen die Botschaft Gottes sagt. Mehr als 700 Jahre vor der Geburt Jesu schrieb Jesaja schon über sein Kommen. Er sagte vorher, dass Jesus in die Familie Isais geboren werden würde. Isai war der Vater von König David. Und so steht es im Buch Jesaja geschrieben:

Ein Spross wächst aus dem Baumstumpf Isai, ein neuer Trieb schießt hervor aus seinen Wurzeln. Ihn wird der Herr mit seinem Geist erfüllen, dem Geist der Weisheit und Einsicht gibt, der sich zeigt in kluger Planung und in Stärke, in Erkenntnis und der Ehrfurcht vor dem Herrn.
…
Wenn jene Zeit gekommen ist, dann wird der Spross aus der Wurzel Isais als Zeichen dastehen, sichtbar für die Völker; dann kommen sie und suchen bei ihm Rat. Von dem Ort, den er zum Wohnsitz nimmt, strahlt Gottes Herrlichkeit hinaus in alle Welt.

Jesaja 11,1,2 und 10. (Gute Nachricht)

Jesaja sagte vorher, dass Jesus ein Nachkomme Isais sein würde. Als Samuel David zum König salbt, verspricht Gott, dass ein Nachkomme Davids für ewig regieren wird (2. Samuel 7:16). Aber irgendwann gab es keinen König mehr in Israel. Das Volk Gottes hatte keinen König. Zum Glück schaut der Herr nicht auf das, was es nicht gibt. Könige gibt es nicht mehr, aber die Familie Davids gibt es! Aus dieser Familie wird Gott einen neuen König schenken. Es ist wie mit einem gefällten Baum. Aus diesem kahlen Stumpf kann mal so ein neuer Zweig wachsen. Genauso wie aus dem kahlen Stumpf ein neuer Zweig wachsen kann, so möchte der Herr, dass auch unser Leben Früchte trägt. Ermutigt einander und erzählt einander, welche Früchte ihr beim Anderen seht.

In den kommenden Tagen werden wir lesen, wie Gott seinen Plan durchführt. Gott ist treu! Was er verspricht, das hält er auch. Gottes Versprechen gelten auch jetzt noch, auch für uns.

In der Bibel steht:

Denn ich kenne ja die Gedanken, die ich über euch denke, spricht der Herr, Gedanken des Friedens und nicht zum Unheil, um euch Zukunft und Hoffnung zu gewähren.
(Jeremia 29:11/Schlachter).

Der Herr hat für jeden von uns einen Plan. Auch für dich! Er will dich dabei unterstützen. Vertraust du ihm?

2 Dezember – Der ideale Wohnort.

Am Anfang war gar nichts. Und Gott schuf die Erde. Licht. Seen und Land. Sonne und Mond. Pflanzen und Tiere. Fische und Vögel. Siehst du es, wie liebevoll und kreative Gott, der Herr einen wunderbaren Wohnort vorbereitet? Für wen wird der wohl sein? Lies mal mit in der Bibel:

Dann sagte Gott: "Jetzt wollen wir den Menschen machen, unser Ebenbild, das uns ähnlich ist. Er soll über die ganze Erde verfügen: über die Tiere im Meer, am Himmel und auf der Erde." So schuf Gott den Menschen als sein Ebenbild, als Mann und Frau schuf er sie. Er segnete sie und sprach: "Vermehrt euch, bevölkert die Erde, und nehmt sie in Besitz! Ihr sollt Macht haben über alle Tiere: über die Fische, die Vögel und alle anderen Tiere auf der Erde! Ihr dürft die Früchte aller Pflanzen und Bäume essen; den Vögeln und Landtieren gebe ich Gras und Blätter zur Nahrung." Dann betrachtete Gott alles, was er geschaffen hatte, und es war sehr gut! Es wurde Abend und wieder Morgen: Der sechste Tag war vergangen.

1. Mose 1: 26-31. (HfA)

Die Bibel ist ein großartiges Buch. Sie erzählt uns von Gottes Liebe für uns. Der Herr hatte alles wunderbar vorbereitet, eine großartige Umgebung zum Wohnen geschaffen. Erst als alles vorbereitet war, schuf er den Menschen. Er hat uns gemacht, damit wir seine Freunde sind. Am Schluss seiner Schöpfungsarbeit schaute der Herr auf alles was er gemacht hatte und sah, dass es sehr gut war! Auch dich hat er gemacht und als er dich sah, sah er, dass du sehr gut warst!
Wenn dich jemals jemand traurig macht, denke dann daran, dass du wertvoll bist. Du bist sehr wertvoll für deinen Gott, der dich geschaffen hat nach seinem Bild. Er meint, dass du sehr gut gelungen bist!

3 Dezember – Die große Lüge.

Erinnerst du dich noch an das, was wir gestern gelesen haben? Gott, der Herr hat die Erde gemacht und die Menschen. Alles war wunderbar. Leider blieb es nicht so schön. Höre mal zu:

Die Schlange war listiger als alle anderen Tiere, die Gott, der Herr, gemacht hatte. "Hat Gott wirklich gesagt, dass ihr von keinem Baum die Früchte essen dürft?", fragte sie die Frau. „Natürlich dürfen wir", antwortete die Frau, "nur von dem Baum in der Mitte des Gartens nicht. Gott hat gesagt: 'Esst nicht von seinen Früchten, ja - berührt sie nicht einmal, sonst müsst ihr sterben!'" "Unsinn! Ihr werdet nicht sterben", widersprach die Schlange, "aber Gott weiß: Wenn ihr davon esst, werden eure Augen geöffnet - ihr werdet sein wie Gott und wissen, was Gut und Böse ist." Die Frau schaute den Baum an. Er sah schön aus! Seine Früchte wirkten verlockend, und klug würde sie davon werden! Sie pflückte eine Frucht, biss hinein und reichte sie ihrem Mann, und auch er aß davon. Plötzlich gingen beiden die Augen auf, und ihnen wurde bewusst, dass sie nackt waren. Hastig flochten sie Feigenblätter zusammen und machten sich einen Lendenschurz. Am Abend, als ein frischer Wind aufkam, hörten sie, wie Gott, der Herr, im Garten umherging. Ängstlich versteckten sie sich vor ihm hinter den Bäumen. Aber Gott rief: "Adam, wo bist du?"
...
Da sagte Gott, der Herr, zur Schlange: "Das ist deine Strafe: Verflucht sollst du sein - verstoßen von allen anderen Tieren! Du wirst auf dem Bauch kriechen und Staub schlucken, solange du lebst! Von nun an werden du und die Frau Feinde sein, auch zwischen deinem und ihrem Nachwuchs soll Feindschaft herrschen. Er wird dir den Kopf zertreten, und du wirst ihn in die Ferse beißen!"

1. Mose 3: 1-9 und 14,15. (HfA)

Was für ein unglaublich trauriger Tag! Die Schlange behauptete, dass das Essen der Frucht gar nicht schlimm war. Sie bewirkte damit, dass Eva an Gottes Güte zweifelte. Eva glaubte ihre Lüge. Seit diesem Tag ist alles anders. Die Lüge und die nachfolgende Sünde führten zu einer Kluft zwischen Gott und Mensch.

Und Gott suchte Adam und sagte „Wo bist du?". Wenn wir ungehorsam sind und gesündigt haben, kommt Gott und fragt: „Wo bist du?". Trotz allem sehnt sich Gott nach uns. Von Anfang an hat Gott einen Plan. Adam und Eva mussten aus dem Paradies fortgeschickt werden. Aber der Herr verspricht, dass ein Nachkomme der Frau die Schlange vernichten wird.

Gleich am Anfang verspricht Gott uns, dass der Retter kommt! Wenn wir auf ihn vertrauen, dürfen wir zu Gott zurückkommen. Dann dürfen wir nach Hause kommen, wo uns Gott, der Vater erwartet!

4 Dezember – Ein neuer Anfang.

Adam und Eva waren die ersten Menschen, die Gott ungehorsam waren. Sie waren nicht die Einzigen. Seit dieser Zeit ist es nicht besser geworden. Es gab sogar eine Zeit, in der die Menschen so böse waren, dass der Herr bedauerte sie geschaffen zu haben! Er plante eine große Flut um alle Menschen wegzuspülen. Aber Noah war ein guter Mensch. Der Herr wollte Noah und seine Familie retten und deshalb erzählte er Noah was er tun sollte. Noah sollte ein Boot bauen, eine Arche. Der Herr erzählte ihm genau wie er das tun sollte. Als die Arche fertig war, kamen die Tiere zur Arche. Von allen Tieren kamen ein Paar, ein Männchen und ein Weibchen. Als Noah mit seiner Familie und die Tiere sicher in der Arche waren, kam die Wasserflut und es fing an zu regnen. Vierzig Tage lang. Alle Menschen und Tiere ertranken, aber die Arche trieb sicher auf dem Wasser.

Dann sagte Gott zu Noah und seinen Söhnen:
"Ich schließe einen Bund mit euch und mit allen euren Nachkommen, dazu mit allen Tieren, die auf dem Schiff waren. Das ist mein Versprechen: Nie wieder werde ich durch eine Wasserflut die Erde und was auf ihr lebt vernichten. Das gilt für alle Zeiten. Ich schließe diesen Bund mit euch und allen Lebewesen. Der Regenbogen soll ein Zeichen für dieses Versprechen sein.

1. Mose 9:8-13. (HfA).

Menschen, Vieh, Vögel – alles wollte der Herr vernichten. Und doch gibt es auch hier wieder einen Hoffnungsschimmer: Noah! Mitten in der Bösartigkeit und Schlechtigkeit fand Gott Noah! Und Noah war es wert, gerettet zu werden. Wie schön ist es, wenn es Menschen gibt, die Gott lieben! Als das Wasser verschwunden war, schloss der Herr einen Bund mit den Menschen. Wenn der Regenbogen in den Wolken erscheint, dann wird er ihn sehen und an seinen Bund mit den Menschen denken. Ist das nicht großartig? Das nächste Mal, wenn du einen Regenbogen siehst, vertraue darauf, dass Gott sein Versprechen hält!

5 Dezember – Der große Turm.

Damals sprachen die Menschen noch eine einzige Sprache, die allen gemeinsam war. Als sie von Osten weiterzogen, fanden sie eine Talebene im Land Schinar. Dort ließen sie sich nieder und fassten einen Entschluss. "Los, wir formen und brennen Ziegelsteine!", riefen sie einander zu. Die Ziegel wollten sie als Bausteine benutzen und Teer als Mörtel. "Auf! Jetzt bauen wir uns eine Stadt mit einem Turm, dessen Spitze bis zum Himmel reicht!", schrien sie. "Dadurch werden wir überall berühmt. Wir werden nicht über die ganze Erde zerstreut, weil der Turm unser Mittelpunkt ist und uns zusammenhält!" Da kam der Herr vom Himmel herab, um sich die Stadt und das Bauwerk anzusehen, das sich die Menschen errichteten. Er sagte: "Sie sind ein einziges Volk mit einer gemeinsamen Sprache. Was sie gerade tun, ist erst der Anfang, denn durch ihren vereinten Willen wird ihnen von jetzt an jedes Vorhaben gelingen! Wir werden hinuntersteigen und ihre Sprache verwirren, damit keiner mehr den anderen versteht!" So zerstreute der Herr die Menschen über die ganze Erde; den Bau der Stadt mussten sie abbrechen. Darum wird die Stadt Babylon ("Verwirrung") genannt, weil dort der Herr die Sprache der Menschheit verwirrte und alle über die ganze Erde zerstreute.

1. Mose 11:1-9. (HfA).

Die Menschen dachten, sie seien sehr klug. Sie würden es jedem zeigen mit ihrem Turm, der bis in dem Himmel empor reichte. Sie zeigten damit auch, dass sie Gott nicht brauchten.
Es war das Gleiche wie im Paradies. Die Schlange versprach Eva, dass sie Gott gleichen würde. Die Menschen in Babel dachten, sie bräuchten Gott nicht, denn sie konnten bis in den Himmel bauen. Aber Gott gab eine Sprachverwirrung und die Menschen konnten nicht weiter bauen. Gott arbeitete an seinem Plan!

6 Dezember – Treue.

Eines Tages wählte Gott, der Herr Abraham aus, um ihn zum Vater eines großen Volkes zu machen. Das Volk, durfte Gottes Volk sein.

Der Herr sagte zu Abram: "Geh fort aus deinem Land, verlass deine Heimat und deine Verwandtschaft, und zieh in das Land, das ich dir zeigen werde! Deine Nachkommen sollen zu einem großen Volk werden; ich werde dir viel Gutes tun; deinen Namen wird jeder kennen und mit Achtung aussprechen. Durch dich werden auch andere Menschen am Segen teilhaben. Wer dir Gutes wünscht, den werde ich segnen. Wer dir aber Böses wünscht, den werde ich verfluchen! Alle Völker der Erde sollen durch dich gesegnet werden. "Abram gehorchte und machte sich auf den Weg. Er war zu diesem Zeitpunkt 75 Jahre alt. Mit ihm kamen seine Frau Sarai, sein Neffe Lot, alle Knechte und Mägde und ihr ganzer Besitz. Sie erreichten Kanaan und durchzogen das Land, das damals von den Kanaanitern bewohnt wurde. Bei Sichem ließen sie sich nieder, in der Nähe des Orakelbaums. An dieser Stätte zeigte der Herr sich Abram und versprach ihm: "Ich werde dieses Land deinen Nachkommen geben!" Abram schichtete Steine auf als Opferstätte für Gott, dort, wo der Herr ihm erschienen war.

1. Mose 12:1-7. (HfA)

Gott denkt noch immer an seinen Plan für die Menschen! Hörst du was er zu Abraham sagt: „Durch dich werden auch andere Menschen am Segen teilhaben."
Abraham und seine Frau waren alt und trotzdem machten sie sich auf die Reise in ein unbekanntes Land. Sie vertrauten Gott. Sie waren kinderlos und trotzdem glaubten sie, dass Gott ihnen ein Kind schenken würde. Die Kinder Abrahams würden ein großes Volk werden. Und in diesem Volk würde der Erlöser für alle Menschen geboren werden. Gott ist treu. Siehst du, wie er an seinem Plan arbeitet?

7 Dezember – Sarah lacht.

Gott hatte zwar versprochen, dass Abraham und Sara Kinder bekommen würden, aber Sara war eine alte Frau. Alte Frauen bekommen keine Kinder mehr. Zum Glück ist für Gott nichts unmöglich! Hör mal zu:

Der Herr hielt sein Versprechen, das er Sara gegeben hatte: Sie wurde schwanger und bekam einen Sohn. Abraham wurde trotz seines hohen Alters Vater, genau zu der Zeit, die Gott angegeben hatte. Abraham nannte seinen Sohn Isaak. Als Isaak acht Tage alt war, beschnitt Abraham ihn, so wie Gott es ihm aufgetragen hatte. Er war zur Zeit der Geburt 100 Jahre alt. Sara rief: "Gott lässt mich wieder lachen! Jeder, der das erfährt, wird mit mir lachen! Denn kein Mensch konnte sich vorstellen, dass ich in meinem Alter noch Mutter werde! Abraham hat Jahrzehnte darauf warten müssen, aber jetzt habe ich ihm einen Sohn geboren!"

1. Mose 21,1-7. (HfA).

Siehst du, wie glücklich diese alte Frau ist? Sie hatte nie mehr erwartet, einmal Mutter zu werden. Heute ist ihr Sohn geboren worden! "Gott hat mir ein Lachen bereitet", sagt sie. Verstehst du Sara? Kannst du dir vorstellen, dass sie lacht und glücklich ist? Fühlst du mit ihr? Was für ein einmaliger Moment. Gott ist gut. Er tut, was er verspricht!

8 Dezember – Gott sorgt dafür.

Abraham und Sara waren so glücklich mit ihrem Sohn Isaak! Aber dann fragt Gott Abraham etwas ganz Schwieriges:

Nach diesen Ereignissen vergingen einige Jahre. Da stellte Gott Abraham auf die Probe. "Abraham!", rief er. "Ja, Herr? "Geh mit deinem einzigen Sohn Isaak, den du liebst, in das Land Morija. Dort zeige ich dir einen Berg. Auf ihm sollst du deinen Sohn Isaak töten und als Opfer für mich verbrennen!" Am nächsten Morgen stand Abraham früh auf und spaltete Holz für das Opferfeuer. Dann belud er seinen Esel und nahm seinen Sohn Isaak und zwei seiner Knechte mit. Gemeinsam zogen sie los zu dem Berg, den Gott Abraham genannt hatte. Nach drei Tagesreisen war er in der Ferne zu sehen. "Ihr bleibt hier und passt auf den Esel auf!", sagte Abraham zu den beiden Knechten. "Der Junge und ich gehen auf den Berg, um Gott anzubeten; wir sind bald wieder zurück." Abraham legte das Holz auf Isaaks Schultern, er selbst nahm das Messer und eine Schale, in der Holzstücke glühten. Gemeinsam bestiegen sie den Berg. "Vater?", fragte Isaak. "Ja, mein Sohn." "Feuer und Holz haben wir - aber wo ist das Lamm für das Opfer?" "Gott wird schon dafür sorgen, mein Sohn!" - Schweigend gingen sie weiter. Als sie die Stelle erreichten, die Gott angegeben hatte, errichtete Abraham aus Steinen einen Altar und schichtete das Brandholz auf. Er fesselte Isaak und legte ihn oben auf den Holzstoß. Dann griff er nach dem Messer, um seinen Sohn zu töten. "Abraham, Abraham!", rief da der Engel des Herrn vom Himmel. "Ja, Herr?" "Leg das Messer beiseite, und tu dem Jungen nichts! Jetzt weiß ich, dass du Gott gehorsam bist - du bist sogar bereit, deinen geliebten Sohn für mich zu opfern!" Plötzlich entdeckte Abraham einen Schafbock, der sich mit den Hörnern im Dickicht verfangen hatte. Er tötete das Tier und opferte es anstelle seines Sohnes auf dem Altar. Den Ort nannte er: "Der Herr versorgt." Noch heute sagt man darum: "Auf dem Berg des Herrn ist vorgesorgt."

1. Mose 22:1-14. (HfA).

Abraham war bestimmt sehr traurig, als Gott ihm auftrug, Isaak zu opfern. Aber Abraham vertraute Gott. Er wusste, dass Gott alles gut machen würde, auch wenn er ihm etwas Schreckliches aufgetragen hatte.

Gott prüfte Abraham. Nicht weil er wollte, dass Abraham einen Fehler macht, sondern weil er wollte, dass Abrahams Gehorsam wächst.

So möchte er auch, dass wir gehorsam sind und in schwierigen Situationen immer nach ihm fragen.

So kann unser Vertrauen zu ihm immer größer werden.

9 Dezember – Gott ist immer bei uns.

Isaak heiratete Rebekka und sie bekamen zwei Söhne: Zwillinge. Isaak liebte Esau, den Älteren, am meisten. Rebekka liebte Jakob, den Jüngeren, mehr.

Als Isaak alt geworden war, konnte er nicht mehr sehen. Er wusste, dass er nicht mehr lange leben würde. Deshalb wollte er seinen ältesten Sohn Esau segnen und damit zum Familienhaupt machen. Rebekka wollte den Segen für Jakob und dachte sich einen Plan aus. Sie kochte Isaaks Lieblingsspeise und schickte Jakob mit dem Essen zu Isaak. Jakob täuschte vor, dass er Esau war und so segnete sein Vater den falschen Sohn! Als Esau nach Hause kam und entdeckte was passiert war, war er so zornig, dass Rebekka Angst bekam. Sie schickte Jakob zu ihrer Familie.

Jakob verließ Beerscheba und machte sich auf den Weg nach Haran. Als die Sonne unterging, blieb er an dem Ort, wo er gerade war, um zu übernachten. Unter seinen Kopf legte er einen der Steine, die dort herumlagen. Während er schlief, hatte er einen Traum: Er sah eine Treppe, die auf der Erde stand und bis zum Himmel reichte. Engel Gottes stiegen hinauf und herab. Oben auf der Treppe stand der Herr und sagte zu ihm: "Ich bin der Herr, der Gott Abrahams und Isaaks. Das Land, auf dem du liegst, werde ich dir und deinen Nachkommen geben! Sie werden unzählbar sein wie der Staub auf der Erde, sich in diesem Land ausbreiten und alle Gebiete bevölkern. Und durch dich soll allen Völkern der Erde Gutes zuteilwerden.

Ich stehe dir bei; ich behüte dich, wo du auch hingehst, und bringe dich heil wieder in dieses Land zurück. Niemals lasse ich dich im Stich; ich stehe zu meinem Versprechen, das ich dir gegeben habe." Jakob erwachte. Entsetzt blickte er um sich. "Tatsächlich - der Herr wohnt hier, und ich habe es nicht gewusst!", rief er. "Wie furchterregend ist dieser Ort! Hier ist die Wohnstätte Gottes und das Tor zum Himmel!" Am nächsten Morgen stand er früh auf. Er nahm den Stein, auf den er seinen Kopf gelegt hatte, stellte ihn als Gedenkstein auf und goss Öl darüber, um ihn Gott zu weihen. Er nannte den Ort Bethel ("Haus Gottes"). Früher hieß er Lus. Dann legte Jakob ein Gelübde ab: "Wenn der Herr mir beisteht und mich auf dieser Reise beschützt, wenn er mir genug Nahrung und Kleidung gibt und mich wieder heil zu meiner Familie zurückbringt, dann soll er mein Gott sein! An der Stelle, wo ich den Stein aufgestellt

habe, soll der Herr verehrt und angebetet werden. Von allem, was er mir schenkt, will ich ihm den
zehnten Teil zurückgeben!"

1. Mose 28:10-22. (HfA).

Er hat seinen Vater betrogen. Er war auf der Flucht vor seinem Bruder. Weit weg von seiner Familie. In der dunklen Nacht. Mit seinem Kopf auf einem Stein. Einsam und allein. Oder nicht? Da ist der Herr und er sagt: *„Ich bin mit dir und ich werde dich überall wo du hingehst beschützen. Ich werde dich nicht verlassen bis ich getan habe was ich dir versprochen habe".*

So ist unser himmlischer Vater. Er ist da, wenn wir ihn brauchen. Auch zu uns sagt er:

Fürchte dich nicht,
denn ich bin bei dir;
hab keine Angst

denn *ich bin dein Gott!*

Ich mache dich stark,
ich helfe dir,
mit meiner Siegreichen Hand

beschütze ich dich!

(jesaja 41,10 (HfA)).

10 Dezember – Der vergebende Prinz.

Jakob hatte zwei Frauen und zwölf Söhne! Zehn mit seiner Frau Lea und zwei mit seiner Frau Rachel. Josef war sein Lieblingssohn und er verwöhnte ihn sehr. Die anderen Brüder mochten Josef deshalb nicht.

Jakob liebte Josef mehr als die anderen Söhne, weil er ihn noch im hohen Alter bekommen hatte. Darum ließ er für ihn ein besonders vornehmes und prächtiges Gewand anfertigen. Natürlich merkten Josefs Brüder, dass ihr Vater ihn bevorzugte. Sie hassten ihn deshalb und redeten kein freundliches Wort mehr mit ihm.

[Eines Tages, als die Brüder mit den Schafen unterwegs waren, bat Jakob Josef, bei seinen Brüdern vorbei zu schauen. Als die Brüder ihn kommen sahen, überlegten sie miteinander wie sie Josef loswerden konnten. Schlussendlich warfen sie ihn in einen leeren Brunnen.]

Da sagte Juda: "Was haben wir davon, wenn wir unseren Bruder töten und den Mord auch noch verheimlichen? Nichts! Los, wir verkaufen ihn an die Ismaeliter! Schließlich ist er immer noch unser Bruder!" Die anderen stimmten zu, und so holten sie Josef aus dem Brunnen und verkauften ihn für zwanzig Silberstücke an die ismaelitischen Händler, die ihn mit nach Ägypten nahmen. Ruben aber war nicht dabei gewesen. Als er nun zum Brunnen zurückkam und bemerkte, dass Josef verschwunden war, erschrak er und zerriss entsetzt seine Kleider. "Der Junge ist weg!", schrie er auf. "Wie kann ich jetzt noch meinem Vater in die Augen schauen?" Sie schlachteten einen Ziegenbock, wälzten Josefs Gewand in dem Blut und gingen damit zu ihrem Vater. "Das haben wir unterwegs gefunden", sagten sie, "kannst du es erkennen? Ist es Josefs Gewand oder nicht?" Jakob erkannte es sofort. "Das Gewand meines Sohnes!", rief er. "Ein wildes Tier hat ihn gefressen!
Josef ist tot!" Er zerriss seine Kleider, wickelte als Zeichen der Trauer ein grobes Tuch um seine Hüften und weinte viele Tage um Josef.

[Inzwischen war Josef in Ägypten angekommen. Nachdem der Pharao, der König von Ägypten, eines Nachts geträumt hatte, konnte Josef ihm seinen Traum erklären. Siebe Jahren von Überfluss würden kommen und anschließend sieben Jahre Hunger. Josef sagte dem Pharao, er sollte während den guten Jahren Getreide für die schlechten Jahre aufheben. Der Pharao war sehr froh und ernannte Josef als Vizekönig. Als der große Hunger kam und es in Ägypten ausreichend Getreide gab, war es Josefs Aufgabe, das Getreide ehrlich unter den Menschen zu verteilen. Auch Josefs Brüder kamen nach Ägypten, um Getreide zu kaufen. Schlussendlich sorgte Josef dafür, dass seine Familie in Ägypten wohnen durfte. Vater Jakob war sehr froh, dass er seinen Sohn wiedergefunden hatte. Als Jakob aber nach einigen Jahren starb, hatten die Brüder Angst, Josef würde sie doch noch bestrafen.]

Aber Josef erwiderte: "Habt keine Angst! Ich maße mir doch nicht an, euch an Gottes Stelle zu richten! Was er beschlossen hat, das steht fest!
Ihr wolltet mir Böses tun, aber Gott hat Gutes daraus entstehen lassen. Durch meine hohe Stellung konnte ich vielen Menschen das Leben retten. Ihr braucht also nichts zu befürchten. Ich werde für euch und eure Familien sorgen." So beruhigte Josef seine Brüder, und sie vertrauten ihm.

1. Mose 37,3-4, 26-34 und 50,19-21. (HfA).

Das ist eine spannende Geschichte und sie fängt erst mal nicht so gut an. Josefs Brüder waren neidisch. Neid hat manchmal schlimme Folgen. Josefs Brüder taten was Schreckliches. Sie verkauften ihren Bruder als Sklave und erzählten ihrem Vater, er sei tot. Stell dir das mal vor!
Aber schaue ein bisschen weiter. Siehst du, wie der Herr die Eifersucht der Brüder benutzt um dafür zu sorgen, dass Josef nach Ägypten kommt? Dadurch, dass Josef in Ägypten war, konnte er seine ganze Familie vor dem Hungertod retten. So ändert der Herr Böses in Segen!

11 Dezember – Gott rettet sein Volk.

Abrahams Nachkommen sind zu einem großen Volk gewachsen. Als Josef noch lebte, wohnte das Volk friedlich in Ägypten. Das änderte sich aber, als Josef starb und es einen neuen Pharao gab. Der Pharao hatte Angst, die Israeliten könnten stärker und mächtiger werden als die Ägypter. Deshalb mussten sie hart arbeiten. Eines Tages gab er sogar den Befehl, alle neugeborenen Buben zu töten.

Ein Mann vom Stamm Levi heiratete eine Frau aus demselben Stamm. Sie wurde schwanger und bekam einen Sohn. Als sie sah, wie schön der Junge war, hielt sie ihn drei Monate lang versteckt. Doch schließlich konnte sie ihn nicht mehr verbergen. Sie nahm einen Korb aus Schilfrohr und dichtete ihn mit Erdharz und Pech ab. Dann legte sie das Kind hinein und setzte es im Schilf am Nilufer aus.
Die Schwester des Jungen blieb in einiger Entfernung stehen, um zu beobachten, was mit ihm geschehen würde. Irgendwann kam die Tochter des Pharaos zum Baden an den Fluss. Ihre Dienerinnen gingen am Ufer hin und her und warteten. Plötzlich entdeckte die Tochter des Pharaos den Korb im Schilf. Sie schickte eine Dienerin hin und ließ ihn holen. Als sie den Korb öffnete, sah sie den weinenden Jungen darin liegen. Sie bekam Mitleid und sagte: "Das ist bestimmt eins von den hebräischen Kindern." Da ging die Schwester des Jungen zu ihr und erzählte: "Ich kenne eine hebräische Frau, die gerade stillt. Soll ich sie rufen? Dann kann sie das Kind für dich stillen." "Ja, ruf sie her!", antwortete die Tochter des Pharaos. Und so lief das Mädchen los und holte seine Mutter. Die Tochter des Pharaos forderte die Frau auf: "Nimm dieses Kind mit, und still es für mich! Ich werde dich dafür bezahlen." Da nahm die Frau ihren Sohn wieder zu sich und stillte ihn. Als das Kind größer wurde, brachte sie es zur Tochter des Pharaos, die es als ihren eigenen Sohn annahm. "Ich habe ihn aus dem Wasser geholt", sagte sie, und darum nannte sie ihn Mose.

[Als Mose erwachsen geworden war, wählte Gott ihn aus, um das Volk aus Ägypten zu befreien. Natürlich wollte der Pharao die Israeliten nicht gehen lassen, aber Gott zeigte, wie mächtig er ist. Endlich gab der Pharao nach und das Volk ging auf die Reise.]

Als der König von Ägypten erfuhr, dass die Israeliten wirklich geflohen waren, änderten er und seine Hofbeamten ihre Meinung: "Was haben wir bloß getan? Warum haben wir die Israeliten aus der Sklaverei entlassen?" Der Pharao ließ seine Streitwagen anspannen und zog mit seinen Soldaten los. 600 seiner besten Streitwagen bot er auf, dazu noch zahlreiche andere aus ganz Ägypten. Auf jedem Wagen fuhr neben dem Wagenlenker und dem Bogenschützen auch noch ein Schildträger mit. Der Herr hatte den König wieder starrsinnig gemacht. Darum jagte der Pharao den Israeliten nach, die Ägypten ungehindert verlassen hatten.

....

Mose streckte seine Hand über das Wasser aus; da ließ der Herr einen starken Ostwind aufkommen, der das Meer die ganze Nacht hindurch zurücktrieb und den Meeresboden zu trockenem Land machte. Das Wasser teilte sich, und die Israeliten konnten trockenen Fußes mitten durchs Meer ziehen. Links und rechts von ihnen türmten sich die Wassermassen wie Mauern auf. Die Ägypter jagten den Israeliten nach. Mit allen Streitwagen, Pferden und Reitern stürmten sie ins Meer hinein.

....

Da sprach der Herr zu Mose: "Streck deine Hand noch einmal über das Meer aus, damit das Wasser zurückkehrt und die Wagen und Reiter der Ägypter überflutet!" Mose gehorchte: Bei Tagesanbruch streckte er seine Hand über das Meer aus. Da strömte das Wasser wieder zurück, den fliehenden Ägyptern entgegen. So trieb der Herr die Ägypter mitten ins Meer hinein. Die Wassermassen flossen zurück und überfluteten die Streitwagen und Reiter des Pharaos, die den Israeliten ins Meer hinein gefolgt waren. Kein einziger Ägypter blieb am Leben! Die Israeliten aber waren trockenen Fußes durchs Meer gezogen, während das Wasser wie eine Mauer zu beiden Seiten stand. So rettete der Herr die Israeliten an diesem Tag vor den Ägyptern; sie sahen, wie die Leichen ihrer Feinde ans Ufer geschwemmt wurden. Als die Israeliten erkannten, dass der Herr die Ägypter mit großer Macht besiegt hatte, wurden sie von Ehrfurcht ergriffen. Sie vertrauten ihm und seinem Diener Mose.

2. Mose 2:1-10, 14,5-8, 21-23 und 26-31. (HfA).

Der Pharao hielt Gottes Volk gefangen.

Der kleine Bub im Schilfkorb wurde ein Mann und führte Gottes Volk aus Ägypten ins verheißene Land.

Sünden halten uns gefangen.

Der kleine Bub in der Krippe wurde ein Mann und möchte uns zum ewigen Leben führen! Genauso wie er damals die Israeliten befreite, möchte der Herr auch uns befreien!

12 Dezember – Zehn Regeln.

Als Mose und das Volk beim Berg Sinai angekommen waren, schlugen sie dort ihr Lager auf. Gott sprach zu ihnen und sagte ihnen, dass er sie auserwählt hatte um sein Volk zu sein. Er wollte dem Volk 10 Regeln geben. Mose kletterte den Berg hinauf und dort gab Gott ihm seine Gebote.

Mose rief das ganze Volk zusammen und sagte: Hört mir zu, ihr Israeliten! Ich gebe euch jetzt die Gebote und Weisungen des Herrn. Prägt sie euch ein, und lebt nach ihnen! Der Herr, unser Gott, hat am Berg Horeb einen Bund mit uns geschlossen. Er galt nicht unseren Vorfahren, sondern uns, die wir heute leben.

5. Mose 5:1-29 (HfA).

Und das sind die Zehn Regeln, die Gott seinem Volk gab:

1) Ich bin euer Gott.
2) Mache und verehre keine Götzenbilder.
3) Missbrauche meinen Namen nicht.
4) Lass jeden Sabbat einen Ruhetag sein.
5) Respektiere deinen Vater und deine Mutter.

6) Töte keinen anderen Menschen.
7) Sei deinem Mann oder deiner Frau, treu.
8) Du sollst nicht stehlen.
9) Lüge nicht.
10) Sei nicht neidisch auf das was andere haben.

Zehn Gebote gab der Herr seinem Volk. Das scheint einfach. Zehn Regeln, du kannst sie an deinen Fingern abzählen. Aber, hast du mal gut darüber nachgedacht? Kannst du dich an die Gebote halten? Schau dir die zehn Gebote mal an. Du siehst schon bald, wie schwierig es ist. Wir alle haben mal gelogen, vielleicht sogar jemanden betrogen, etwas von jemandem weggenommen (gestohlen) oder geschimpft.

Die zehn Gebote zeigen uns unsere Sünden. Sie zeigen uns, dass wir Jesus brauchen. Egal wie sehr wir uns bemühen, wir können uns nicht retten indem wir Gutes tun oder Gottes Gebote halten. Die einzige Lösung ist Gottes Plan für uns! Was die zehn Gebote nicht können und was wir nicht können, das hat Jesus schon für uns getan. Mit seinem Tod am Kreuz und seiner Auferstehung kaufte er die Vergebung für unsere Sünden. Als Eva ungehorsam war und die Frucht aß, entstand eine Kluft zwischen Gott und Mensch. Jesus ist der Einzige, der diese Kluft überbrücken kann. Was für eine großartige Nachricht!

13 Dezember – Mut.

Mose war schon sehr alt als er starb. Der neue Führer des Volkes hieß Josua. Josua schickte zwei Spione um das neue Land zu erkunden, vor allem die Stadt Jericho. In einem Haus an der Stadtmauer wohnte Rahab, und diese Nacht schliefen die Männer bei ihr. Als der König von Jericho das hörte, wollte er die Männer fangen. Rahab versteckte die Spione auf dem Dach ihres Hauses.

Bevor die beiden Israeliten sich schlafen legten, stieg Rahab zu ihnen auf das Dach und sagte: "Ich weiß, dass der Herr eurem Volk dieses Land geben wird. Wir haben große Angst. Jeder hier zittert vor euch. Wir haben gehört, dass der Herr euch einen Weg durch das Schilfmeer gebahnt hat, als ihr aus Ägypten gekommen seid. Wir wissen auch, was ihr mit den Amoritern und ihren Königen Sihon und Og auf der anderen Jordanseite gemacht habt: Ihr habt sie ausgelöscht. Als wir das hörten, waren wir vor Angst wie gelähmt. Jeder von uns hat den Mut verloren. Der Herr, euer Gott, ist der wahre Gott oben im Himmel und hier unten auf der Erde. Deshalb flehe ich euch an: Schwört mir jetzt beim Herrn, dass ihr meine Familie und mich verschont, denn ich habe auch euch das Leben gerettet. Bitte gebt mir einen Beweis dafür, dass ich euch vertrauen kann. Lasst meine Eltern und Geschwister und alle ihre Angehörigen am Leben. Rettet uns vor dem Tod!" Die Männer antworteten ihr: "Wenn ihr uns nicht verratet, stehen wir mit unserem Leben dafür ein, dass euch nichts getan wird. Wenn der Herr uns dieses Land gibt, werden wir unser Versprechen einlösen und euch verschonen." Rahabs Haus lag an der Stadtmauer. So konnte sie die Männer durch eines ihrer Fenster mit einem Seil hinunterlassen, um ihnen zur Flucht zu verhelfen.

Josua 2,8-15. (HfA).

Rahab war sehr mutig. Sie rettete den zwei Spionen das Leben, indem sie sie in ihrem Haus versteckte und ihnen danach bei der Flucht half. Sie glaubte, dass Gott ein starker Gott ist. Und Gott sorgte gut für Rahab. Sie heiratete einen Israeliten und einer ihrer Nachkommen wurde sogar König von Israel! König David. Und erinnerst du dich noch, dass Gott versprochen hat, dass ein Nachkomme Davids für ewig regieren wird?

Manchmal musst du dich entscheiden ob du etwas tun sollst oder nicht. Manchmal fordert Gott dich heraus etwas Schwieriges zu tun. Sei mutig wie Rahab und vertraue, dass der starke Gott dir hilft! Wenn du ein schönes rotes Band siehst, zum Beispiel im Adventskranz oder um ein Geschenk, denke dann an Rahab und an unseren mächtigen Gott, der ihr half und auch dir helfen will!

14 Dezember – Gott sorgt für uns.

In der Zeit, in der die Richter das Volk führten, kam eine Hungersnot ins Land. Deshalb zog ein Mann mit seiner Frau und seinen zwei Söhnen aus Bethlehem nach Moab. Der Mann hieß Elimelech, die Frau Naomi und die beiden Söhne Machlon und Kiljon. Als sie in Moab ankamen, wohnten sie dort als Fremde.

[Nach einer Weile starb der Mann. Als seine Söhne älter waren, heirateten sie Mädchen aus Moab. Die eine hieß Orpa und die andere Ruth. Nachdem sie dort ungefähr zehn Jahre gewohnt hatten, starben auch Machlon und Kiljon. Naomi blieb alleine zurück, ohne ihren Mann und ihre beiden Söhne. Sie fühlte sich alleine und als sie hörte, dass es in ihrer Heimat wieder genug zu essen gab, fand sie es an der Zeit zurück zu gehen. Orpa und Ruth begleiteten sie. Unterwegs sagte sie zu ihren Schwiegertöchtern: „Ihr solltet zurück zu eurem Volk." Orpa küsste ihre Schwiegermutter zum Abschied, aber Ruth wollte mit Naomi mitgehen. Sie sagte: „Wo du hingehst, da will auch ich hingehen. Wo du bleibst, da bleibe ich auch. Dein Volk ist mein Volk, und dein Gott ist mein Gott."
Es war gerade Erntezeit als Naomi und Ruth in Bethlehem eintrafen. Sie waren arm und Ruth ging jeden Tag aufs Land, um Getreide aufzulesen. Ohne es zu wissen, hatte sie das Land von Boaz ausgewählt. Boaz war eine entfernter Verwandter von Naomis verstorbenem Mann. Naomi war sehr froh als Ruth ihr erzählte, dass sie auf Boaz' Land arbeitete. Damals war es üblich, dass ein anderer Mann aus der Familie für die Familie eines verstorbenen Mannes sorgte. Naomi ließ nachfragen, ob Boaz Ruth heiraten wollte. Und Ruth wurde Boaz' Frau und sie bekamen einen Sohn.]

Als Ruth ihren Sohn zur Welt brachte, sagten die Frauen von Bethlehem zu Naomi: "Gelobt sei der Herr! Er hat dir mit diesem Kind jemanden gegeben, der für dich sorgen wird. Möge dein Enkel berühmt werden bei den Israeliten! Er wird dir viel Freude schenken und sich um dich kümmern, wenn du alt geworden bist. Deine Schwiegertochter, die dich liebt, hat ihn geboren; sie ist mehr wert für dich als sieben Söhne!" Naomi nahm das Kind auf ihren Schoß als Zeichen dafür, dass sie es als ihr eigenes annahm. Ihre Nachbarinnen gaben ihm den Namen Obed ("Diener des Herrn") und erzählten überall: "Naomi hat einen Sohn bekommen!" Obed wurde der Vater Isais, und dessen Sohn war König David.

Ruth 1:15-2:17 (HfA)

Sein Heimatland verlässt man nicht so leicht. Man tut es zum Beispiel aus Liebe oder aus Angst. Aus Angst vor dem Hunger verließen Naomi und ihre Familie Israel und sie machten sich auf die Reise nach Moab. Aus Liebe für Naomi und Gott, den Herrn verließ Ruth Moab und machte sich auf die Reise nach Israel. Sie ließ ihr Land und ihre Familie zurück und kam mit nach Bethlehem. Sie vertraute dem Herrn und er machte alles gut. Ruth heiratete Boaz und sie bekamen ein Kind. Ihr Kind ist der Vater von Isai, von dem wir am 1. Dezember schon gelesen haben. Aus ihrer Familie wird der Retter geboren und so macht der Herr Ruth zu einem Teil seines Planes für die Menschen!

15 Dezember – Gott schaut aufs Herz.

Eines Tages wünschte sich das Volk Israel einen König, genauso wie die anderen Völker das hatten. Gott wählte Saul aus und der Prophet Samuel salbte ihn als König. Saul war ein guter König. Er gewann viele Schlachten, aber wurde dadurch sehr eingebildet. Er dachte nicht mehr an Gott. Dann sagte Gott zu Samuel, es sei Zeit, einen neuen König zu suchen.

Schließlich sprach der Herr zu Samuel: "Wie lange willst du noch um Saul trauern? Ich habe ihn verstoßen! In meinen Augen ist er nicht mehr König von Israel. Nimm dein Horn, füll es mit Öl, und mach dich auf den Weg nach Bethlehem. Dort such Isai auf, denn ich habe einen seiner Söhne zum neuen König auserwählt." Doch Samuel wandte ein: "Wie kann ich dorthin gehen und so etwas tun? Saul bringt mich um, wenn er davon erfährt!" Da antwortete der Herr: "Nimm eine junge Kuh mit und sag, du seist zum Opfern gekommen. Lade Isai zu dem Opferfest ein. Was du weiter tun sollst, lasse ich dich rechtzeitig wissen. Ich werde dir genau zeigen, welchen Sohn du zum König salben sollst." Samuel gehorchte dem Befehl des Herrn. Seine Ankunft in Bethlehem erregte Aufsehen. Erschrocken kamen die führenden Männer ihm entgegen und fragten: "Dein Besuch bedeutet doch hoffentlich nichts Schlimmes?" "Nein, nein", beruhigte er sie, "es ist alles in Ordnung. Ich bin gekommen, um dem Herrn ein Opfer darzubringen. Macht euch bereit, und kommt dann mit mir zum Opferfest." Auch Isai und seine Söhne lud Samuel ein und forderte sie auf, sich für das Opfer zu reinigen. Als Isai und seine Söhne eintrafen, fiel Samuels Blick sofort auf Eliab, und er dachte: "Das ist bestimmt der, den der Herr als König ausgesucht hat." Doch der Herr sagte zu ihm: "Lass dich von seinem Aussehen und von seiner Größe nicht beeindrucken. Er ist es nicht. Denn ich urteile nach anderen Maßstäben als die Menschen. Für die Menschen ist wichtig, was sie mit den Augen wahrnehmen können; ich dagegen schaue jedem Menschen ins Herz." Danach rief Isai seinen Sohn Abinadab und stellte ihn Samuel vor. Doch der Prophet musste sagen: "Auch diesen hat der Herr nicht ausgewählt." Als Nächstes ließ Isai Schamma vortreten, und wieder sagte Samuel: "Auch ihn hat der Herr nicht erwählt." Und so ließ Isai seine sieben Söhne an Samuel vorbeigehen. Zuletzt sagte Samuel zu Isai: "Der Herr hat keinen von ihnen auserwählt. Aber sind das wirklich alle deine Söhne?" "Nein, der jüngste fehlt noch", antwortete Isai. "Er ist auf den Feldern und hütet unsere Schafe und Ziegen." Da forderte Samuel ihn auf: "Lass ihn sofort herholen! Wir werden uns nicht ohne ihn an die Festtafel setzen." So ließ Isai David holen. Er war ein gutaussehender junger Mann, braun gebrannt und mit schönen Augen. "Das ist er", sagte der Herr zu Samuel, "salbe ihn!" Da nahm Samuel das Horn mit dem Öl und goss es vor den Augen seiner Brüder über Davids Kopf aus. Sogleich kam der Geist des Herrn über David und verließ ihn von da an nicht mehr. Samuel kehrte wieder nach Rama zurück.

1 Samuel 16:1-13 (HfA).

Er war nicht der Auffälligste der acht Brüder und auch nicht der Stärkste. Sein Vater hatte ihn nicht einmal eingeladen als der Prophet Samuel kam! Wir Menschen schauen auf das Äußere, aber Gott schaut ins Herz. Darum wählte er David als neuen König. Nichts kannst du vor Gott verstecken. Er sieht was in deinem Herzen lebt. Für den Herrn ist es nicht wichtig, ob wir einen schönen Christbaum haben, oder ob wir unsere schönste Weihnachtskleidung anziehen und der Tisch schön gedeckt ist. Er schaut nicht auf unsere schön geschmückten Häuser, nicht auf unsere äußere Erscheinung. Er sucht ein Herz, dass offen ist für ihn.

16 Dezember – Lobe den Herrn.

Manche Könige hörten auf Gott, andere nicht. Ahab war so ein König. Er vergaß Gott und betete Götzenbilder an. Der Prophet Elia warnte ihn mehrmals, aber Ahab wollte nicht hören. Eines Tages schickte Gott Elia wieder zu Ahab.

Ahab begrüßte den Propheten mit den Worten: "So, da ist er ja, der Mann, der Israel ins Verderben gestürzt hat!" Elia widersprach: "Nicht ich bin an dem Unheil schuld, sondern du und deine Familie! Ihr macht euch nichts mehr aus den Geboten des Herrn. Du, Ahab, verehrst lieber den Götzen Baal und seine Statuen als den Herrn. Aber jetzt fordere ich dich auf: Schick die 450 Propheten Baals alle zu mir auf den Berg Karmel! Auch die 400 Propheten der Aschera, die von Königin Isebel versorgt werden, sollen kommen. Sende Boten ins Land, und lass alle Israeliten zu einer Volksversammlung auf den Karmel rufen!" Da befahl Ahab den Israeliten und allen Propheten, auf den Karmel zu kommen.
[Da provozierte Elia die Priester Baals als er sagte:]
"Ich stehe hier vor euch als einziger Prophet des Herrn, der noch übrig geblieben ist; und dort stehen 450 Propheten Baals. Und nun bringt uns zwei junge Opferstiere. Die Propheten Baals sollen sich einen aussuchen, ihn in Stücke schneiden und auf das Brennholz legen, ohne es anzuzünden. Den anderen Stier will ich als Opfer zubereiten, und auch ich werde kein Feuer daran legen. Dann ruft ihr, die Propheten Baals, euren Gott an, ich aber werde zum Herrn beten. Der Gott nun, der mit Feuer antwortet, der ist der wahre Gott." Die ganze Volksmenge rief: "Ja, das ist gut!"
[Die Priester Baals riefen den ganzen Tag lang zu ihrem Gott, aber es blieb still und nichts passierte. Sie tanzten und sprangen um den Altar herum, aber nichts passierte. Dann rief Elia die Israeliten zu sich. Er baute den verwüsteten Altar des Herrn wieder auf und drum herum zog er einen Graben. Er häufte das Brennholz, schnitt den Stier in Stücke und legte ihn auf den Altar. Dann sagte er: "Holt vier Eimer Wasser, und gießt sie über das Opfer und das Holz!". Als das drei Mal passiert war lief das Wasser auf allen Seiten am Altar herunter und der Graben war mit Wasser gefüllt. Elia betete laut zu Gott und Gott ließ Feuer vom Himmel fallen und sogar das nasse Brennholz brannte.]
Als die Israeliten das sahen, warfen sie sich zu Boden und riefen: "Der Herr allein ist Gott! Der Herr allein ist Gott!"

1. Könige 18:17-39.

Die Israeliten hatten Gott vergessen und glaubten jetzt an einen Gott aus Stein. Erst als Gott durch ein Wunder zeigte, dass er der wahre Gott ist, glaubten sie an ihn. Auch jetzt noch passieren Wunder. Aber auch wenn wir kein Wunder sehen, dann sollten wir uns trotzdem noch an Gott erinnern. Unser Herr ist ein starker Gott und wir dürfen ihn jeden Tag preisen. Wie kannst du Gott heute preisen?

17. Dezember – Ein wunderbares Licht.

Mehr als 700 Jahre vor der Geburt Jesu, schrieb der Prophet Jesaja, dass ein Kind geboren werden würde.

Das Volk, das im Finstern lebt, sieht ein großes Licht; hell strahlt es auf über denen, die ohne Hoffnung sind. Du, Herr, machst Israel wieder zu einem großen Volk und schenkst ihnen überströmende Freude. Sie sind fröhlich wie nach einer reichen Ernte; sie jubeln wie nach einem Sieg, wenn die Beute verteilt wird.
...
Denn uns ist ein Kind geboren! Ein Sohn ist uns geschenkt! Er wird die Herrschaft übernehmen. Man nennt ihn "Wunderbarer Ratgeber", "Starker Gott", "Ewiger Vater", "Friedensfürst". Er wird seine Herrschaft weit ausdehnen und dauerhaften Frieden bringen...
Jesaja 9:1-2, 5-6a HfA

Die Finsternis, über die hier gesprochen wird, bedeutet keine wirkliche Dunkelheit, sie bedeutet Sünde. Wenn viele Menschen Böses tun, fühlt es sich an alsob du im Dunkeln bist.
Ohne Jesus ist auch unser Herz dunkel durch Sünde. Jesus kam zur Erde und möchte Licht in unser Herz bringen. Der Prophet Samuel hat das ganz schön gesagt. Er sagte:

"Herr, du machst die Finsternis um mich hell. Du bist mein Licht."
(2. Samuel 22,29 HfA).

Lange bevor Jesus geboren wurde, brachten Propheten Gottes Botschaft an die Menschen. Die Propheten erinnerten die Menschen daran, dass sie Gott gehorchen sollten. Sie erinnerten sie auch daran, dass der Herr einen Retter versprochen hat. Ein Kind wird geboren werden. Das Kind wird ein König sein, der Fürst des Friedens. Sein Friede wird kein Ende haben! Ist das nicht ein wunderbares Versprechen?

Für ältere Kinder:

Schaue dir die Namen, die für das Kind verwendet werden, mal an. Sie können dir viel über ihn zeigen:

Wunderbarer Ratgeber:

was macht ein Ratgeber? Ratgeber ist auch ein anderes Wort für Rechtsanwalt. Was tut ein Rechtsanwalt?

Starker Gott:

Gott sagt in Jesaja 41,10, dass er dein Gott ist. Was bedeutet es für dich, dass dein Gott ein starker Gott ist?

Ewiger Vater:

weißt du was ewig bedeutet?

Friedefürst:

was macht ein guter König? Was bedeutet Friede für dich?

18. Dezember – Gott wählt ein kleines Dorf aus.

Gestern haben wir gelesen, dass Jesaja die Geburt eines Kindes vorhergesagt hat. Heute lesen wir was ein anderer Prophet geschrieben hat. Lange bevor Jesus geboren wurde, schrieb der Prophet Micha schon, wo dieses Kind geboren werden würde.

Aber zu Bethlehem im Gebiet der Sippe Efrat sagt der Herr: "Du bist zwar eine der kleinsten Städte Judas, doch aus dir kommt der Mann, der mein Volk Israel führen wird. Sein Ursprung liegt weit zurück, in fernster Vergangenheit." Bis zu der Zeit, wo er geboren wird, lässt der Herr die Menschen seines Volkes den Feinden in die Hände fallen; doch dann werden die Überlebenden zu den anderen Israeliten in ihr Land zurückkehren. Wie ein Hirte seine Herde weidet, so wird der neue König regieren. Gott, der höchste Herr, hat ihn dazu beauftragt und gibt ihm die Kraft. Dann kann das Volk endlich in Sicherheit leben, denn selbst in den fernsten Ländern der Erde wird er als Herrscher anerkannt. Er bringt Frieden!
Micha 5: 1-4a (HfA).

Die kleine Ortschaft Bethlehem wird Geburtsort des Messias. Viele, viele Jahre vor der Geburt Jesu, wählte Gott dieses kleine Dorf schon aus. Und doch war niemand vorbereitet auf sein Kommen! In ein paar Tagen feiern wir Jesu Geburt. Ist dein Herz schon bereit?
Gottes Pläne sind manchmal unbegreiflich und erstaunlich. Ein Baby in einem Schilfkorb führt ein Volk ins verheißene Land. Ein einfacher Hirtenjunge wird König. Ein Baby in einer Krippe wird Retter der Menschen! Der König der Könige kam nach Bethlehem, in dieses das kleine Dörfchen. Dieser König möchte auch in dein Haus kommen und an eurem Küchentisch sitzen. Er möchte in deinem Herz wohnen! Auch du hast einen Platz in Gottes Plan. Auch dich möchte er verwenden. Lässt du ihn?

19. Dezember – Glauben.

Ungefähr 400 Jahre, nachdem der Prophet Micha geschrieben hatte, dass der König in Bethlehem geboren werden würde, passierte folgendes. In Judäa lebte der Priester Zacharias mit seiner Frau Elisabeth.

Beide lebten so, wie es Gott gefällt. Sie hielten sich genau an seine Gebote und Ordnungen. Sie hatten keine Kinder, denn Elisabeth konnte keine bekommen, und beide waren inzwischen alt geworden. Wieder einmal hatte die Gruppe Abija Tempeldienst. Wie üblich wurde ausgelost, wer zur Ehre Gottes im Tempel den Weihrauch anzünden sollte. Das Los fiel auf Zacharias. Er betrat den Tempel, während die Volksmenge draußen betete. Plötzlich stand auf der rechten Seite des Räucheropferaltars ein Engel des Herrn. Zacharias erschrak und fürchtete sich. Doch der Engel sagte zu ihm: "Fürchte dich nicht, Zacharias! Gott hat dein Gebet erhört. Deine Frau Elisabeth wird bald einen Sohn bekommen. Gib ihm den Namen Johannes! Du wirst über dieses Kind froh und glücklich sein, und auch viele andere werden sich über seine Geburt freuen. Gott wird ihm eine große Aufgabe übertragen. Er wird weder Wein noch andere berauschende Getränke zu sich nehmen. Schon vor seiner Geburt wird er mit dem Heiligen Geist erfüllt sein, und er wird viele in Israel zu Gott, ihrem Herrn, zurückbringen. Entschlossen und stark wie der Prophet Elia wird er das Kommen des Messias vorbereiten: Er wird Eltern und Kinder wieder miteinander versöhnen, und die Ungehorsamen werden wieder Gottes Willen erfüllen. So wird er das ganze Volk darauf vorbereiten, den Herrn zu empfangen."

Lukas 1,6-17 (HfA).

Zacharias und Elisabeth hatten so viele Jahre um ein Kind gebetet, aber ihre Gebete waren bis jetzt unbeantwortet geblieben. Jetzt sind sie alt und auf einmal kommt ein Engel und erzählt, dass sie einen Sohn bekommen werden. Ich kann mir gut vorstellen, dass Zacharias es nicht glauben konnte. Als Zeichen für Gottes Macht konnte Zacharias nicht sprechen bis das Kind seinen Namen bekam. Jetzt hatte er solch eine gute Nachricht und wie sollte er es den Menschen erzählen? Wie kannst du anderen erzählen, was der Herr Gutes getan hat?

20. Dezember – Bereite dich vor!

Der Herr hatte eine besondere Aufgabe für Johannes. Als er erwachsen war, durfte er die Menschen auf Jesus vorbereiten.

In dieser Zeit fing Johannes der Täufer an, in der judäischen Wüste zu predigen. Er rief: "Kehrt um zu Gott! Denn jetzt beginnt seine neue Welt." Der Prophet Jesaja hatte die Aufgabe des Johannes so beschrieben: "Ein Bote wird in der Wüste rufen: 'Macht den Weg frei für den Herrn! Räumt alle Hindernisse weg!' Johannes trug ein aus Kamelhaar gewebtes Gewand, das von einem Lederriemen zusammengehalten wurde. Er ernährte sich von Heuschrecken und wildem Honig. Viele Menschen aus Jerusalem, aus dem Jordantal und aus der ganzen Provinz Judäa kamen zu ihm. Sie bekannten ihre Sünden und ließen sich von ihm im Jordan taufen.

Mattheus 3,1-6. (HfA).

Gott hatte Johannes auserwählt um den Weg für König Jesus vorzubereiten. Er kündigte sein Kommen an. Er musste dafür sorgen, dass die Menschen auf sein Kommen vorbereitet waren. Darum taufte er sie im Jordan um sie daran zu erinnern, dass Gott ihnen ihre Sünde vergibt. Auch wir dürfen den Herrn bitten, uns die Sachen zu vergeben, die ihn traurig machen und uns zu helfen, unsere Herzen auf sein Kommen vorzubereiten.

21. Dezember – Gott spricht zu Maria.

Einige Monate nachdem der Engel bei Zacharias gewesen war, passierte schon wieder was Besonderes.

Elisabeth war im sechsten Monat schwanger, als Gott den Engel Gabriel zu einer jungen Frau nach Nazareth schickte, einer Stadt in Galiläa. Die junge Frau hieß Maria und war mit Josef, einem Nachkommen König Davids, verlobt. Der Engel kam zu ihr und sagte: "Sei gegrüßt, Maria! Gott ist mit dir! Er hat dich unter allen Frauen auserwählt." Maria fragte sich erschrocken, was diese seltsamen Worte bedeuten könnten. "Hab keine Angst, Maria", redete der Engel weiter. "Gott hat dich zu etwas Besonderem auserwählt. Du wirst schwanger werden und einen Sohn zur Welt bringen. Jesus soll er heißen. Er wird mächtig sein, und man wird ihn Gottes Sohn nennen. Gott, der Herr, wird ihm die Königsherrschaft Davids übergeben, und er wird die Nachkommen Jakobs für immer regieren. Seine Herrschaft wird niemals enden." "Wie kann das geschehen?", fragte Maria den Engel. "Ich bin doch gar nicht verheiratet." Der Engel antwortete ihr: "Der Heilige Geist wird über dich kommen, und die Kraft Gottes wird sich an dir zeigen. Darum wird dieses Kind auch heilig sein und Sohn Gottes genannt werden. Selbst Elisabeth, deine Verwandte, von der man sagte, dass sie keine Kinder bekommen kann, ist jetzt im sechsten Monat schwanger. Sie wird in ihrem hohen Alter einen Sohn zur Welt bringen. Gott hat es ihr zugesagt, und was Gott sagt, das geschieht!" "Ich will mich dem Herrn ganz zur Verfügung stellen", antwortete Maria. "Alles soll so geschehen, wie du es mir gesagt hast." Darauf verließ sie der Engel.

Lukas 1,26-38 (HfA).

Was wird Maria wohl gedacht haben, als der Engel vor ihr stand und ihr erzählte, dass sie ein Kind bekommen würde? Den Sohn Gottes. So ein junges Mädchen und sie durfte Mutter des Herrn Jesus werden. Du kannst es dir nicht vorstellen. Aber was für ein Glauben, was für ein Vertrauen hatte Maria als sie sagte "Ich will mich dem Herrn ganz zur Verfügung stellen. Dem Herrn will ich dienen. Alles soll so geschehen, wie du es mir gesagt hast." Bewundernswert!

Was heißt es, zu dienen? Auf welche Art und Weise kannst du Gott dienen?

22. Dezember – Gott spricht zu Josef.

Und so wurde Jesus Christus geboren: Seine Mutter Maria war mit Josef verlobt. Noch vor der Ehe erwartete Maria - durch den Heiligen Geist - ein Kind. Josef wollte nach Gottes Geboten handeln, aber auch Maria nicht öffentlich bloßstellen. So überlegte er, die Verlobung stillschweigend aufzulösen. Noch während er nachdachte, erschien ihm im Traum ein Engel Gottes und sagte: "Josef, du Nachkomme Davids, zögere nicht, Maria zu heiraten! Denn das Kind, das sie erwartet, ist vom Heiligen Geist. Sie wird einen Sohn bekommen, den sollst du Jesus nennen. Denn er wird die Menschen seines Volkes von ihren Sünden befreien." Dies alles geschah, damit sich erfüllte, was der Herr durch seinen Propheten vorhergesagt hatte: "Eine Jungfrau wird schwanger werden und einen Sohn bekommen. Den wird man Immanuel nennen." Das bedeutet: "Gott ist mit uns!"

Mattheus 1,18-23 (HfA).

Josef und Maria waren noch nicht verheiratet und schon erwartete Maria ein Kind. Und jeder würde auf Josef hinschauen und sagen, dass es eine Schande ist. Und sie würden auf Maria hinschauen und sagen, dass es eine Schande ist. Josef wollte nicht, dass die Leute schlecht über Maria dachten und er suchte eine Lösung. Aber Gott hatte nicht nur für Maria eine Aufgabe, sondern auch für Josef. Josef sollte für Jesus einen Vater sein. Er sollte zusammen mit Maria für ihn sorgen. Als er aufwachte, wusste Josef, dass Maria und er Teil von Gottes Plan waren. Was für eine Aufgabe. Wie gut, dass Josef auf Gott hörte. Auch wir sollten auf Gott hören. Auch wenn er vielleicht mal eine schwierige Aufgabe für uns bereit hat.

23. Dezember – Auf der Reise.

Als Maria schwanger war, herrschte Kaiser August in dem Land, in dem sie wohnte.

In dieser Zeit befahl Kaiser Augustus, alle Bewohner des Römischen Reiches in Steuerlisten einzutragen. Eine solche Volkszählung hatte es noch nie gegeben. Sie wurde durchgeführt, als Quirinius Statthalter von Syrien war. Jeder musste in seine Heimatstadt gehe, um sich dort eintragen zu lassen. So reiste Joseph von Nazareth in Galiläa nach Bethlehem in Judäa, der Geburtsstadt von König David. Denn er war ein Nachkomme von David und stammte aus Bethlehem. Josef musste sich dort einschreiben, zusammen mit seiner Verlobten Maria, die ein Kind erwartete.

Lukas 2,1-5 (HfA).

Ein Mann. Eine Frau mit einem dicken Bauch. Ein wackeliger Esel. Eine lange Reise. Du fragst dich, warum die Mutter des Messias kurz vor der Geburt noch so eine Reise machen musste! Und das alles nur, weil der Kaiser jeden zählen wollte. Er wollte mit der Zahl der Menschen, über die er herrschte, prahlen. Siehst du wie der Herr diesen Wichtigtuer in seinem Plan verwendet? Josef und Maria mussten nach Bethlehem. Nicht um sich einzuschreiben, aber um dafür zu sorgen, dass die Vorhersage war wird. Erinnerst du dich noch, was der Prophet Micha geschrieben hatte: *„Aber zu Bethlehem im Gebiet der Sippe Efrat sagt der Herr: "Du bist zwar eine der kleinsten Städte Judas, doch aus dir kommt der Mann, der mein Volk Israel führen wird."* (Micha 5:1).

24. Dezember – Jesus ist geboren!

In dieser Nacht bewachten draußen, auf den Feldern vor Bethlehem einige Hirten ihre Herden. Plötzlich trat ein Engel des Herrn zu ihnen, und die Herrlichkeit des Herrn umstrahlte sie. Die Hirten erschraken sehr, aber der Engel sagte: „Fürchtet euch nicht! Ich verkünde euch eine Botschaft, die das ganze Volk mit großer Freude erfüllen wird: Heute ist für euch in der Stadt, in der schon David geborenwurde, der versprochene Retter zur Welt gekommen. Es ist Christus, der Herr. Und daran werdet ihr ihn erkennen: Das Kind liegt, in Windeln gewickelt, in einer Futterkrippe!“ Auf einmal waren sie von unzähligen Engeln umgeben, die Gott lobten: „Ehre sei Gott im Himmel! Denn er bringt der Welt Frieden und wendet sich den Menschen in Liebe zu.“ Nachdem die Engel in den Himmel zurückgekehrt waren, beschlossen die Hirten: „Kommt, wir gehen nach Bethlehem. Wir wollen sehen, was dort geschehen ist und was der Herr uns verkünden ließ.“ Sie machten sich sofort auf den Weg und fanden Maria und Josef und das Kind, das in der Futter krippen lag. Als sie es sahen, erzählten die Hirten, was ihnen der Engel über das Kind gesagt hatte. Und alle, die ihren Bericht hörten, waren darüber sehr erstaunt. Maria aber merkte sich jedes Wort und dachte immer wieder darüber nach. Schließlich kehrten die Hirten zu ihren Herden zurück. Sie lobten Gott und danken ihm für das, was sie gehört und gesehen hatten. Es war alles so gewesen, wie der Engel es ihnen gesagt hatte. Am achten Tag nach der Geburt wurde das Kind beschnitten, wie es üblich war. Es erhielt den Namen Jesus; den hatte der Engel genannt, noch ehe Maria das Kind empfangen hatte.

Lukas 2:6-21 (HfA).

An dem Tag, an dem die Sünde in die Welt kam, gab Gott ein Versprechen. Die Menschen vergaßen Gott und sein Versprechen. Aber Gott vergaß es nicht! Der ewige König kam auf die Erde als ein Baby. Jesus ist für uns geboren. Weißt du, was das bedeutet? Jesus bedeutet „Gott rettet". Ja, Gott hält sein Versprechen: Gott rettet!

Dank Gott für das wunderbare Geschenk: seinen Sohn Jesus!

Freude

FÜR DIE WELT

...... DER ......

Erlöser

ist geboren.

Fürst des Friedens

Jesus

Hirte

ෆ๕ෑ

Jesus, Er ist....
Wunderbarer Ratgeber — hört auf ihn,
starker Gott — betet ihn an,
Vater der Ewigkeit — gehorcht ihn,
Fürst des Friedens — dient ihn,
dein Retter — empfange ihn,
dein Hirte — folgt ihm,
dein Leben — genießt ihn!

ෆ๕ෑ

Retter

Vater

Leben

Adventszeit, mach was Besonderes draus.

Wer nicht so mobil ist, kann sich in der Adventszeit einsam fühlen. Wer nicht so viel Geld ausgeben kann, wird erinnert an das was er nicht hat. Für den, der einen geliebten Menschen verloren hat, kann es die schwierigste Zeit des Jahres sein.

Öffne dein Herz für den Anderen und teil deine Freude. Gott hat uns mit vielen Fähigkeiten beschenkt. Wenn du tust, was du am besten kannst, wird die Adventszeit eine sehr gesegnete Zeit werden! Hier findest du einige Ideen, wmit denen du deinen Mitmenschen zum Segen werden kannst, Ideen für eine gemeinsame Familienzeit, Bastelvorschläge und Rezepte.

> *Dient einander mit den Fähigkeiten,*
> *die Gott euch geschenkt hat – jeder und jede mit der eigenen,*
> *besonderen Gabe!*
> *...*
> *Alles, was ihr tut, soll durch Jesus Christus zur Ehre Gottes geschehen.*
> *Ihm gehört die Herrlichkeit und die Macht für alle Ewigkeit!*
> *Amen.*
>
> *(1. Petrus 4, 10-11 / HfA).*

Überblick

Tip:
Schreibe einige dieser Ideen auf kleine Kärtchen und stecke sie in deinen Adventskalender!

- Einem Bibelvers auswendig lernen.

- Ein großes Geschenk.

- Ein Gruß ins Ausland.

- Beten für einen Freund, der Jesus nicht kennt.

- Familienzeit: „Banketstaaf" backen (mit Rezept).

- Eine liebe Geste.

- Adventsnachmittag.

- Familienzeit: zusammen tolle Sachen unternehmen
  (mit Anleitung für Weihnachtsbaumschmuck aus Salzteig).

- Bewege dich.

- Weihnachtsmusik.

- Kleine Geschenke basteln (mit Anleitung für ein Windlicht).

- Familienzeit: gemütlicher Abend (mit Rezept).

- Zähle deine Segnungen.

- Ein Brief für eine spezielle Person.

- Familienzeit: eine Girlande für Jesus.

- Teile eine Mahlzeit.

- Rückblick auf das vergangene Jahr.

- Familienzeit: einander dienen in der Familie (mit Rezept).

- Bereite dich vor aufs Fest.

Einen Bibelvers auswendig lernen.

"Das Wort des Christus wohne reichlich in euch..." (Kolosser 3,16 (Elb.)).

Die Bibel ist eine wahre Schatzgrube. Schaue immer wieder hinein und finde deine Schätze. Das auswendig lernen von Bibelversen hilft dir in deinem geistlichen Wachstum. Einige Minuten pro Tag bringen dir schon einen großen geistlichen Schatz. Gottes Geist kann die gelernten Verse in unterschiedlichen Situationen verwenden, zur Ermutigung, Ermahnung und zum Unterricht.

Drucke einen Bibelvers in einer schönen Schriftart auf ein schönes Blatt (du kannst es natürlich auch schön aufschreiben) und hänge es an einem gut sichtbaren Platz im Haus auf. Lies dir den Vers jeden Tag durch und denke darüber nach.

In meinem Herzen habe ich dein Wort verwahrt, damit ich nicht gegen dich sündige.
(Psalm 119,11/ELB).

Ein großes Geschenk.

Es geht uns gut, besser als den meisten Menschen auf dieser Erde. Die meisten unserer Kinder bekommen dieses Jahr mehr Geschenke als andere Kinder in ihrem ganzen Leben! Der Herr liebt es, wenn wir teilen:

"Denn mich hungerte, und ihr gabt mir zu essen; mich dürstete, und ihr gabt mir zu trinken; ich war Fremdling, und ihr nahmt mich auf..." (Matthäus 25,35 (Elb.)).

Du könntest dich dafür entscheiden, jedem Familienmitglied ein Geschenk weniger zu geben. Mit dem ersparten Geld kannst du anderen helfen. Es gibt sehr viele Möglichkeiten. Man kann z.B. eine Ziege oder zwei Hühner kaufen für eine Familie in Asien, sich finanziell an dem Bau eines Brunnens in Afrika beteiligen. Vielleicht könnt ihr sogar als Familie ein Kind unterstützen. (Informationen gibt es z.B. bei: www.worldvision.de, www.worldvision.at oder www.sam-global.ch).
Wer lieber in seiner direkten Umgebung schenkt, könnte für ein Kind in Not ein Weihnachtsgeschenk kaufen oder Lebensmittel für die Tafel spenden. Denke gut über eure Spende nach und bringe es im Gebet vor den Herrn. Er wird euch helfen, eine gute Wahl zu treffen und dafür sorgen, dass euer Geschenk Segen bringen wird!

Wahrlich, ich sage euch, insofern ihr es einem der geringsten dieser meiner Brüder getan habt, habt ihr es mir getan.
(Matthäus 25,40 (Elb.)).

Es ist eine großartige Möglichkeit, Kinder zu lehren aus Liebe mit andern zu teilen!

Ein Gruß ins Ausland.

Für Menschen, die im Ausland wohnen und nicht nach Hause kommen können, kann die Weihnachtszeit eine schwierige Zeit sein. Sie würden gerne mit Familie und Freunden Weihnachten feiern. Stattdessen sind sie weit weg.
Kennst du vielleicht jemanden (einen Missionar z. B.), der dieses Jahr nicht nach Hause kommen kann? Bereitet ein kleines Päckchen mit kleinen Geschenken vor und schickt es ihnen. Produkten aus der Heimat, eine Postkarte, ein paar Bilder. Lass ihn wissen, dass du an ihn denkst und für ihn betest.

Eine andere Möglichkeit ist, verfolgten Christen eine Postkarte zu schicken. Open Doors hat dafür Schreibadressen (www.opendoors.de)!

Beten für einen Freund, der Jesus nicht kennt.

Es gibt jemand in deinem Leben, der (oder die) Jesus nicht kennt! Nimm dir Zeit um für diese Person zu beten. Bitte Jesus, sein (oder ihr) Herz vorzubereiten, um ihn kennen zu lernen. Denke darüber nach, was du für deinen Freund oder deine Freundin tun kannst.

Denn ich schäme mich des Evangeliums nicht, ist es doch Gottes Kraft
zum Heil jedem Glaubenden, sowohl dem Juden zuerst als auch dem Griechen...
(Römer 1,16).

Familienzeit: „Banketstaaf" backen.

Der „Banketstaaf" ist eine holländische Tradition. Dieser Kuchen wird in der Nikolauszeit und an Weihnachten gerne gegessen. Backe gleich mehrere, denn verpackt in einer schönen Zellophantüte lässt der „Banketstaaf" sich sehr gut verteilen!

Rezept "Banketstaaf".
Für die Füllung: vermische 175 Gr. geriebene Mandeln, 175 Gr. Zucker, 1 Ei, 1 Tl Zitronensaft und 2 El Wasser. (Du kannst diese Füllung, gut verschlossen, sicher eine Woche im Kühlschrank aufbewahren.)

Für 2 kleine "Banketstaafjes":
300 Gr. Blätterteig, die Füllung,
1 verquirltes Ei, eventuell Belegkirschen

Teile die Füllung in zwei gleiche Teile. Teile den Blätterteig in zwei gleichgroße Teile von ca. 25x10 cm und verteile die Füllung wie eine Rolle über die Länge des Blätterteigs. Wickle den Blätterteig um die Füllung und schließe es an allen Seiten. Lege die beiden Rollen mit der Naht nach unten auf ein, mit Backpapier belegtes, Backblech. Bestreiche sie mit dem verquirlten Ei und backe sie in einem vorgeheizten Backrohr 20 Minuten bei 200° C bis sie goldbraun sind. Belege den "Banketstaat" eventuell mit den Belegkirschen.

Eine liebe Geste.

Ein liebes Kärtchen bewirkt oft mehr als wir glauben. Es sind die kleinen Gesten, die oft viel bedeuten: ein ermutigendes Wort, ein Anruf, eine Postkarte, ein Besuch bei jemand im Altersheim, ein paar Kekse für die ältere Dame oder den älteren Herrn von nebenan.

Freundliche Worte sind Honig, Süßes für die Seele und Heilung für das Gebein.
(Sprüche 16,24 (Elb.)).

Ladenpersonal und Briefträger sind diesen Monat sehr beschäftigt und bekommen oft wenig Wertschätzung von ihren gestressten Kunden. Ein Lächeln für die Dame hinter der Kasse und ein freundlicher Gruß für den Briefträger kosten nichts!

Adventsnachmittag.

Diese Aktivität benötigt ein wenig mehr an Vorbereitung, aber es lohnt sich! Organisiere einen gemütlichen Adventnachmittag bei dir zuhause. Dein Haus voller Menschen. Frage einige ob sie Kekse mitbringen. Bereite Kaffee, Tee und Kakao vor und zünde die Kerzen an. Vielleicht möchte jemand ein Gedicht lesen und eine anderer die Weihnachtsgeschichte.

Es wird bestimmt ein gesegneter Nachmittag!

Familienzeit: zusammen tolle Sachen unternehmen.

Lege alle To-Do Listen zur Seite und konzentriere dich auf deine Familie. Was ist schöner als zusammen tolle Sachen zu unternehmen!

Vielleicht möchtest du auch mal eine der untenstehenden Ideen ausprobieren:

- Popcorn machen und einen Film im Fernsehen anschauen.
- Weihnachtskekse backen und sie mit Glasur und bunten Streuseln dekorieren.
- Schneeflocken aus Papier ausschneiden und sie im ganzen Haus aufhängen.
- Die Luftmatratzen und Schlafsäcken hervor holen und die Lichter am Christbaum anzünden. Dann ... mit der ganzen Familie unterm Baum schlafen.
- Ins Auto steigen und durch die Gegend fahren, um die Adventsbeleuchtung zu bewundern.
- Schöne Bilder für Opa und Oma malen und sie verschicken.
- Weihnachtsbaumschmuck aus Salzteig machen.
  Du brauchst: 2 Becher Mehl, 1 Becher Salz, ca. 1 Becher Wasser, 1 Teelöffel Öl.
  Mehl und Salz vermischen und unter Zugabe von wenig Wasser zu einer festen, formbaren Masse kneten. Füge mehr Wasser zu, wenn die
  Masse zu trocken ist. Rolle die Knetmasse mithilfe eines Nudelholzes gleichmäßig aus.
  Steche mit einem Ausstecher verschiedene Motive aus.
  Mit einem Strohhalm oder Zahnstocher kannst du noch ein Loch für den Aufhänger machen.
  1 oder 2 Stunden bei 100° C im Backrohr trocknen.
  Anschließend kann der Schmuck mit Acrylfarbe angemalt werden.

Was macht ihr am Allerliebsten?

Bewege dich.

 Der Dezemberstress bringt unsere Routine oft sehr durcheinander. Regelmäßiges Bewegen und gesundes Essen kommen oft zu kurz. Wenn wir nicht gut auf uns achten, kann das sogar ein noch größeres Stressgefühl geben. Ein bisschen Bewegung im Freien hat einen großen Einfluss auf unsere Stimmung und unser Wohlgefühl. Nebenbei bleibst du fit und das brauchst du in diesem vollen und kalten Monat. Versuche jeden Tag für eine (kleine) Wanderung hinauszugehen. Fülle deine Lungen mit frischer Luft und genieße die Schönheit der Natur. Falls du mal keine Zeit zum Spazieren hast, erledige dann deine Einkäufe mit dem Fahrrad, sodass du doch kurz draußen bist. Wenn du heimkommst, bist du fröhlicher und hast neue Energie.

Weihnachtsmusik.

Fülle dein Haus mit Weihnachtsliedern, die die wahre Bedeutung von Weihnachten erzählen.
In der Adventzeit gibt es auch viele Konzerte, die du besuchen kannst, sogar auch gratis!

Kleine Geschenke basteln.

Es macht Spaß kleine Geschenke zu basteln und sie unter verschiedenen Menschen zu verteilen. Du kannst z. B. Kekse backen und in Transparentpapier verpacken, Streichholzschachteln verzieren oder schöne Windlichter basteln. An die Geschenke hängst du schöne selbstgemachte Anhänger.

Ein einfaches Windlicht.
Beklebe ein Marmeladeglas mit Spitze. Binde Bast oder Band um den Rand und fülle das Glas mit Vogelsand und einem Teelicht.

Geschenkanhänger schneidest du aus Tonpapier. Vorne ein schöner Bibelvers und hinten ein Weihnachtsgruß.

Beispiele für Bibelverse u. A.:

*   *Ihr werdet ein Kind finden, in Windeln gewickelt und in einer Krippe liegend* (Lukas 2,12),
*   *Herrlichkeit Gott in der Höhe, und Friede auf Erden in den Menschen des Wohlgefallens!* (Lukas 2,14),
*   *Denn so hat Gott die Welt geliebt, dass er seinen eingeborenen Sohn gab, damit jeder, der an ihn glaubt, nicht verloren geht, sondern ewiges Leben hat.* (Johannes 3,16)
*   *Gott sei Dank für seine unaussprechliche Gabe!* (2. Korinter 9,15).

Familienzeit: gemütlicher Abend!

Inmitten aller Pflichttermine ist ein Ruhemoment im eigenen Haus herzlich willkommen. Nimm dir dafür bewusst Zeit. Backe "Partystangen", bereite eure Lieblingswintergetränke (heißer Kakao, Tee, ...) vor und wähle ein tolles Spiel zum Spielen.

Rezept für Blätterteig-Party-stangen.

Fette ein Backblech ein oder lege es mit Backpapier aus. Das Blätterteig mit etwas Wasser bepinseln, in der Mitte zusammenfalten und sanft andrucken. Mit Olivenöl bepinseln und Kräuter darüber verteilen. Mit einem Messer Streifen schneiden.
Oder: das Blätterteig mit Reibkäse, Paprikapulver, Pfeffer und Salz bestreuen, in der Mitte zusammenfalten und sanft andrucken. Mit einem messer Streifen schneiden und spiralig drehen.

Lege die Streifen aufs Backblech. 20 Minuten in einem vorgeheizten Ofen 200° C.

Zähle deine Segnungen.

Manchmal schaue ich am Morgen aus dem Fenster und sehe, dass es ein grauer, nebeliger, kalter Tag sein wird. Ich schaue in meinen Terminkalender und sehe, dass es noch so viel zu tun gibt. Ich schaue ins Wohnzimmer und sehe, dass ich schon wieder aufräumen muss. Und schon fange ich den Tag launisch an. Das muss aber nicht sein! Auch an diesen Tagen kann ich ermutigt in den Tag starten und am Ende des Tages sagen: "Ja, Gott ist gut!" Es ist so leicht Negatives zu sehen. Ich kann das leider sehr gut! Weißt du, was über das Gelingen meines Tages bestimmt? Meine Einstellung! Wenn ich Ödes zu tun habe, denke ich an Gottes Worte:

"Und alles, was ihr tut, im Wort oder im Werk, alles tut im Namen des Herrn Jesus, und sagt Gott, dem Vater, Dank durch ihn!" (Koll. 3,17). Dann gehe ich weiter: ich danke für schmutzige Socken, danke für den großen Wäscheberg, danke für unser Haus, das ich gemütlich machen darf, danke dass ich einkaufen kann – auch wenn es regnet.

Und allmählich kommt die Freude zurück und der öde Tag ist auf einmal ein guter Tag! Jeder Tag beinhaltet Schönes, manchmal groß und manchmal klein. Wenn du gut darauf achtest, kannst du am Ende des Tages mit Freude und Dankbarkeit zurückschauen und sagen: „Herr, ich danke dir für diesen Tag!"

> Preist den Herrn, denn er ist gut, denn seine Gnade währt ewig!
>
> Psalm 118:1

Ein Brief für eine spezielle Person.

Wie oft empfängst du heutzutage noch einen richtigen handgeschriebenen Brief! Wir Emailen, Whats-Appen und haben Kontakt über Facebook. Klar freut man sich über eine liebe Email, aber man kann es doch nicht mit einem geschriebenen Kärtchen oder einem Brief vergleichen. Einen Brief von einer geliebten Person in der Hand zu haben, ist was ganz Besonderes.

Nimm dir Zeit, jemandem, den du liebst zu schreiben. Schreib, was ihn oder sie so speziell macht.

Familienzeit: eine Girlande für Jesus.

Eine Bastelarbeit für Kinder. Wir basteln eine Adventsgirlande mit den Namen Jesu. Hinten im Buch findest du Kreise. Schneide diese aus. Nimm ein schönes, festes Papier (oder Scrapbook Papier) und zeichne jetzt Kreise, die ein wenig größer sind (mithilfe eines Glases geht das sehr leicht!). Schneide auch diese aus. Die kleinen Kreise werden auf die größeren geklebt. Stanze ein Loch oben im Kreis aus und binde es an einem Band zum Aufhängen an die Wand oder an den Christbaum. Tipp: du kannst die Kreise auch als Geschenkanhänger verwenden!

Kommt lasset uns anbeten,
wunderbare Ratgeber,
starker Gott,
Jesus,
Vater der Ewigkeit,
Fürst des Friedens,
Immanuel.

Liefere eine Mahlzeit.

Kennst du jemanden, der ein bisschen Hilfe gebrauchen könnte? Vielleicht eine alleinerziehende Mutter, oder eine Familie mit einem kranken Kind. Vielleicht eine Familie, in der gerade ein Baby geboren wurde, oder eine ältere Dame, die nicht so gut gehen kann. Koche eine doppelte Portion und bringe die extra Mahlzeit jemandem, der es braucht.

Rückblick auf das vergangene Jahr.

Die gemütliche Adventszeit mit ihren vielen Lichtern, lädt zum Nachdenken über das vergangene Jahr ein. Wie von alleine wandern unsere Gedanken durch das Jahr, das fast vorbei ist und denken wir an das Jahr, das bald kommen wird. Wir können vieles aus dem vergangenen Jahr lernen. Es gibt bestimmt Sachen, die anders sein können, anders sein sollen.

So lehre uns denn zählen unsere Tage, damit wir ein weises Herz erlangen!
Psalm 90,12 (Elb.).

Wofür bist du dankbar?
Was würdest du dir im kommenden Jahr anders wünschen?
Gibt es jemanden, der Vergebung braucht oder gibt es jemanden, den du um Vergebung bitten solltest?
Was sind deine Ziele fürs neue Jahr? Notiere diese.

Familienzeit: einander dienen.

Erledige heute mal eine Aufgabe, die ein anderer nicht gerne macht. Helft einander und zeigt einander, dass ihr euch schätzt!

Meine Familie freut sich über einen selbstgebackenen Kärntner Reindling, ein traditionelles Kärntner Gebäck mit Rosinen und Zucker, welches in der Reindl (eine runde Form) gebacken wird. Offiziell ein Oster-Brot, backte unsere Kärntner Nachbarin zu Weihnachten große Menge davon und verschenkte es an jeden. Mittlerweile wohnen wir woanders, aber der Reindling ist Tradition geworden. Manchmal backe ich mehrere und verschenke sie an liebe Nachbarn. Es gibt verschiedene Rezepte für den Reindling, mein Rezept ist ziemlich einfach und kinderfreundlich (alkoholfrei).

Rezept Kärntner Reindling.
Zutaten: 500 g glattes Mehl, 1 Tl Salz, 60g Zucker, 1 Packung Trockengerm, ¼ Ltr. Milch, 1 Ei, 1 Eidotter, 60g Butter. Für die Füllung: Zucker, Zimt, Rosinen.

Die trockenen Zutaten miteinander vermischen. Milch, Ei, Dotter und Butter erwärmen, mit der Schneerute versprudeln und zu den trockenen Zutaten geben. Mit den Knethaken des Handmixers ca. 10 Min. verrühren. Den Teig zugedeckt ca. 30 Min. gehen lassen. Den aufgegangenen Teig nochmals zusammenkneten und abermals ca. 20 Minuten aufgehen lassen. Den Teig ca. ½ cm dick zu einem Rechteck auswalken. Mit Zucker, Zimt, Rosinen bestreuen. Fest zusammenrollen und schneckenformartig in das befettetes Reindl legen (ich  *benutze meinen 2 Ltr. Bräter!). Noch ca. 30 min. aufgehen lassen. Eventuell mit Dotter/Milch-Mischung bepinseln. Ca. 50. Min. auf 160° C. Umluft backen.*

Bereite dich vor aufs Fest.

Backe einen Geburtstagskuchen für Jesus! Wenn am Abend die Kerzen angezündet sind, könnt ihr darüber sprechen was es bedeutet, dass Jesus das Licht der Welt ist.

Denn Gott
hat die Welt seine *Liebe*
dadurch gezeigt,
dass er seinen einzigen Sohn
für sie hergab,
damit jeder, der an ihn glaubt,
das *ewige leben* hat
und nicht verloren geht!

Johannes 3, 16 (Neue Genfer)

Afrikaans – Geseende Kerfeest! * Bulgarisch – Vasel Koleda! * Dänisch: Glaedelig Jul! * Deutsch – Fröhliche Weihnachten! * Englisch – Merry Christmas! * Esperanto: Gajan Kristnaskon! * Finnisch: Hauskaa Joulua! * Flämisch Zalig Kerstfeest! * Französisch: Joyeux Noël! * Griechisch: Kala Christougenna! * Hebräisch: Mo´adim Lesimkha! * Niederländisch: Vrolijk Kerstfeest! * Indonesian: Selamat Hari Natal! * Irisch: Nollaig Shona Dhuit! * Italienisch: Buon Natale! * Japanisch: Merii Kurisumasu! * Kroatisch: Sretan Bozic! * Mandarin: Kung His Hsin Nien! * Norwegisch: God Jul! * Polnisch: Wesolych Swiat! * Portugiesisch: Boas Festas! * Rumänisch: Craciun Fericit! * Russisch: Hristos Raydajatsja! * Schwedisch: God Jul! * Schwyzerdütsch: Fröhlichi Wiehnacht! * Serbisch: Sretam Bozic! * Slowakisch: Vesele Vianoce! * Slowenisch Srecen Bozic! * Spanisch: Feliz Navidad! * Tschechisch: Vesele Vanoce! * Ungarisch: Kellemes Karacsonyiunnepeket! * Zulu: Sinifesela Ukhisimusi OImuhle! *

Ausschneidebilder für die Adventsgirlande.

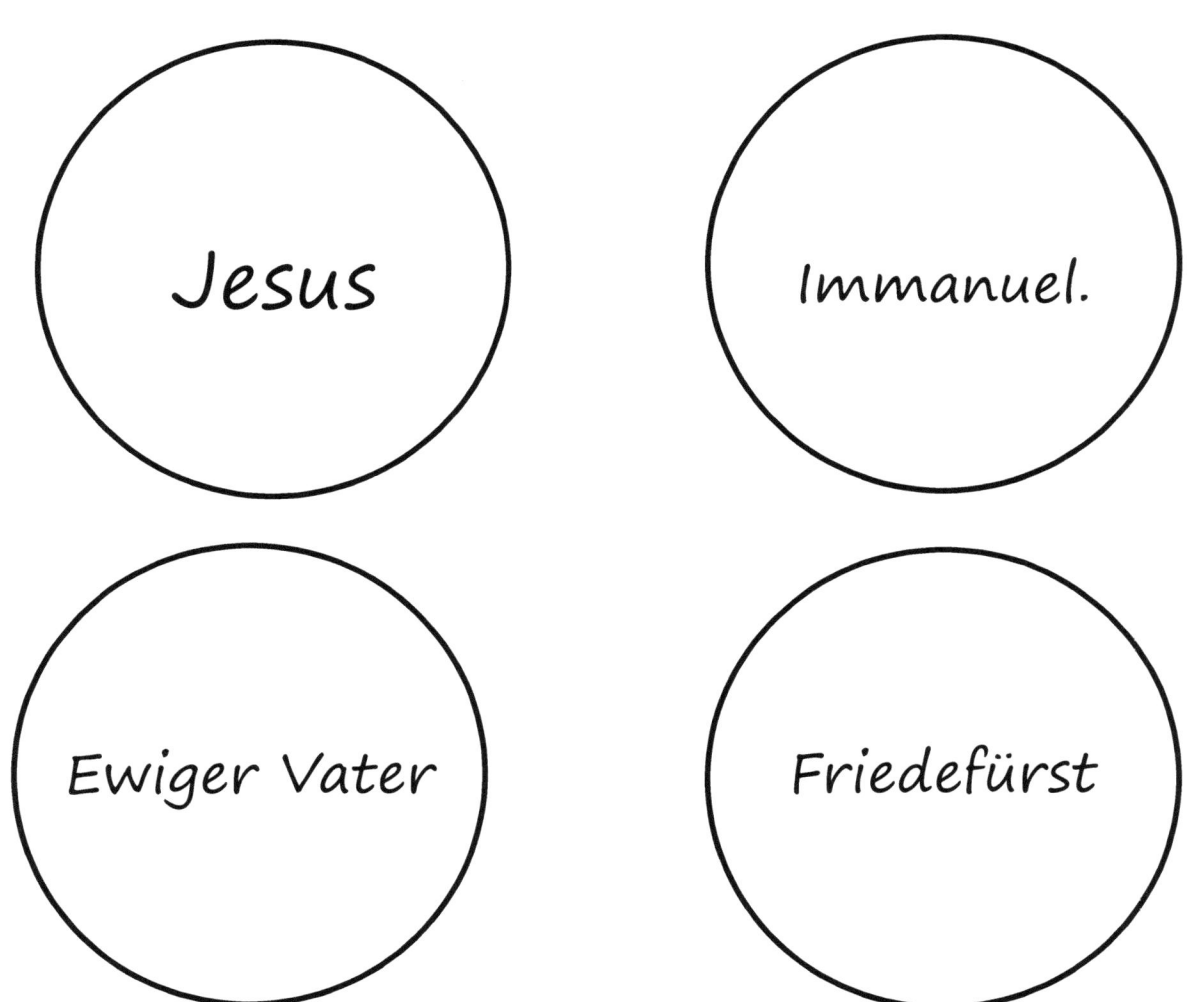

Kommt lasset uns anbeten!

Starker Gott

Wunderbarer Ratgeber

Ausschneidekärtchen für den Adventskalender.

1.
Gott hat einen Plan!
Jesaja 11,1-2 und 10.
Baumstumpf mit Spross.

2.
Der ideale Wohnort.
1. Mose 1,26-31.
Erde.

3.
Die große Lüge.
1. Mose 3, 1-9, 14, 15.
Baum.

4.
Ein neuer Anfang.
1. Mose 9, 8-13.
Arche und Regenbogen.

5.
Der große Turm.
1. Mose 11, 1-9.
Turm.

6.
Treue.
1. Mose 12, 1-7.
Zelt.

7.

Sarah lacht.

1. Mose 21, 1-7.

Wiege.

8.

Gott sorgt dafür.

1. Mose 22, 1-14.

Schafbock.

9.

Gott ist immer bei uns.

1. Mose 28, 10-16.

Leiter.

10.

Der Prinz der vergibt.

1. Mose 37, 1-36 / 45, 4-15.

Mantel.

11.

Gott rettet sein Volk.

1. Mose 2, 1-10 / 14, 5-8/21-23/26--31.

Mose im Meer.

12.

Zehn Regeln.

5. Mose 5:1-22a, 32, 33.

Steintafeln.

13.

Mut.

Josua 2, 8-15.

Haus auf der Mauer.

14.

Gott sorgt für uns.

Ruth 1, 1-2 und 4, 14-16.

Getreide.

15.

Gott schaut aufs Herz.

1. Samuel 16, 1-13.

Krone

16.

Lobe den Herrn.

1. Köninge 18, 17-39.

Feuer.

17.

Ein herrliches Licht.

Jesaja 9, 1, 5-6a.

Sonne.

18.

Gott wählt ein kleines Dorf aus.

Micha 5, 1, 5-6a.

Bethlehem.

19.
Glauben.
Lukas 1, 6-17.
Hände.

20.
Bereite dich vor!
Matthäus 3, 1-6.
Muschel.

21.
Gott spricht zu Maria.
Lukas 1, 26-38.
Herz.

22.
Gott spricht zu Joseph.
Matthäus 1, 18-23.
Hammer.

23.
Auf der Reise.
Lukas 2,1-5.
Sandalen.

24.
Jesus ist geboren!
Lukas 2, 6-21.
Stern.

Ausschneidebilder für den Adventsbaum.